reader
español

# A Rosa le gusta leer

Escrito por Diane Z. Shore

Ilustrado por Larry Day

Children's Press®
Una división de Scholastic Inc.
Nueva York • Toronto • Londres • Auckland • Sydney
Ciudad de México • Nueva Delhi • Hong Kong
Danbury, Connecticut

A Jenn, a quien le gusta leer
—D.Z.S.

Consultores de lectura

**Linda Cornwell**
Especialista de lectura

**Katharine A. Kane**
Consultora de educación
(Jubilada, Oficina de Educación del Condado de San Diego
y de la Universidad Estatal de San Diego)

Información de Publicación de la Biblioteca del Congreso de los EE.UU.

Shore, Diane ZuHone.
  [Rosa loves to read. Spanish]
  A Rosa le gusta leer / escrito por Diane Z. Shore ; ilustrado por Larry Day.
    p. cm. — (A rookie reader español)
    ISBN 0-516-24440-X (lib. bdg.)        0-516-24698-4 (pbk.)
  [1. Libros y leer— Ficción. 2. Ruido — Ficción. 3. Materiales en lengua española.] I.
Day, Larry, 1956- ill. II. Título. III. Series.
  PZ73.S528 2004
  [E]—dc22
                        2003016588

# Perros que ladran.

Pies que golpean el suelo.

Rosa trata de leer.

Rosa trata de leer.

Bocinas que suenan.
Globos que explotan.

11

Pelotas que rebotan.
Manos que aplauden.

Puertas que se
cierran de golpe.
Tapas que se estrellan.

# Rosa grita: "¡Silencio!"

Pies que caminan
de puntillas.
Gatos que
ronronean.

Rosa sigue leyendo.

Motores que zumban.
Cucharas que agitan.

Rosa sigue leyendo.

Relojes que hacen tic-tac.
Ratones que chillan.

Cortinas que susurran.
Escobas que barren.

Rosa murmura: "¡Me gusta leer!"

# Lista de palabras (49 palabras)

| | | | |
|---|---|---|---|
| agitan | explotan | motores | se |
| aplauden | gatos | murmura | sigue |
| barren | globos | pelotas | silencio |
| bocinas | golpe | perros | suelo |
| caminan | golpean | pies | suenan |
| chillan | grita | puertas | susurran |
| cierran | gusta | puntillas | tapas |
| cortinas | hacen | que | tic-tac |
| cucharas | ladran | ratones | trata |
| de | leer | rebotan | zumban |
| el | leyendo | relojes | |
| escobas | manos | ronronean | |
| estrellan | me | Rosa | |

# Acerca de la autora

Diane Z. Shore es escritora y fue maestra de escuela primaria.
Vive en Marietta, Georgia, con su esposo, John y sus dos hijos,
Jenn y Sam (con los que le gusta leer).

# Acerca de ilustrador

Larry Day vive en Illinois con su esposa, Melanie y sus dos hijos,
Andrew y Peter.